# RECUEIL D'ORAISONS FUNÉBRES.

A PARIS,

Chez Sebastien Mabre-Cramoisy,
Imprimeur du Roi, ruë Saint Jacques,
aux Cicognes.

M. DC. LXXII.

*Avec Privilege de Sa Majesté.*

# ORAISON FUNEBRE
## DE HENRIETTE MARIE
# DE FRANCE,
## REINE DE LA
# GRAND' BRETAGNE.

*Prononcée le 16. Novembre 1669. en presence de* MONSIEUR *Frere unique du Roi, & de* MADAME, *en l'Eglise des Religieuses de Sainte Marie de Challiot, où repose le Cœur de Sa Majesté.*

Par Messire JACQUES BENIGNE BOSSUET, Conseiller du Roi en ses Conseils, Evêque de Condom, Précepteur de Monseigneur LE DAUPHIN.

QVATRIÉME EDITION.

# A PARIS,

Chez SEBASTIEN MABRE-CRAMOISY, Imprimeur du Roy, ruë S. Jacques, aux Cicognes.

M. DC. LXXI.
*Avec Privilége de Sa Majesté.*

# ORAISON FUNEBRE
## DE LA REINE
### DE LA
# GRAND' BRETAGNE.

*Et nunc Reges intelligite; erudimini qui judicatis terram. Pſal. 2.*

*Maintenant, ô Rois, apprenez; inſtruiſez-vous, Iuges de la Terre.*

# MONSEIGNEUR,

Celui qui regne dans les Cieux, & de qui relevent tous les Empires, à qui ſeul appartient la gloire, la Majeſté, & l'indépendance, eſt auſſi le ſeul qui ſe glorifie de faire la loi aux Rois, & de leur donner quand il lui plaît, de grandes & de terribles leçons. Soit qu'il éleve les Trônes, ſoit qu'il les abaiſſe ; ſoit qu'il communique ſa puiſſance aux Princes, ſoit qu'il la retire à lui-même, & ne leur laiſſe que leur propre foibleſſe : il leur apprend leurs devoirs d'une maniére ſouveraine & digne de lui. Car en leur donnant ſa puiſſance, il leur commande d'en uſer comme il fait lui-même pour le bien du monde ; & il leur fait voir en la retirant que toute leur Majeſté eſt empruntée, & que pour être aſſis ſur le Trône, ils n'en ſont pas moins ſous ſa main, & ſous ſon autorité ſuprême. C'eſt ainſi qu'il inſtruit les Princes, non ſeulement par des diſcours & par des paroles, mais encore par des effets, & par des exemples : *Et nunc Reges intelligite; erudimini qui judicatis terram.*

Chrétiens, que la memoire d'u-
ne grande Reine, Fille, Femme,
Mere de Rois si puissans, & Souveraine de trois Roiaumes, appelle de tous côtez à cette triste
cerémonie ; ce discours vous fera
paroître un de ces exemples re-
doutables, qui étallent aux yeux
du monde sa vanité toute entié-
re. Vous verrez dans une seule
vie toutes les extrémitez des cho-
ses humaines : La felicité sans
bornes, aussi bien que les misé-
res; vne longue & paisible jouïs-
sance d'une des plus nobles Couronnes de l'Univers ; tout ce que
peuvent donner de plus glorieux
la naissance & la grandeur accu-
mulé sur une tête, qui ensuite
est exposée à tous les outrages
de la fortune ; la bonne cause
d'abord suivie de bons succés, &
depuis, des retours soudains; des
changemens inouïs ; la rebel-
lion long-temps retenuë, à la fin
tout-à-fait maîtresse ; nul frein à
la licence ; les Loix abolies ; la

Majesté violée par des attentats
jusques alors inconnus ; l'usurpa-
tion & la tyrannie sous le nom
de liberté ; une Reine fugitive,
qui ne trouve aucune retraite
dans trois Roiaumes , & à qui
sa propre Patrie n'est plus qu'vn
triste lieu d'exil ; neuf voiages
sur Mer entrepris par une Princesse malgré les tempestes ; l'O-
cean étonné de se voir traversé
tant de fois en des appareils si
divers , & pour des causes si dif-
ferentes ; un Trône indignement
renversé, & miraculeusement rétabli. Voilà les enseignemens que
Dieu donne aux Rois : Ainsi fait-
il voir au monde le néant de ses
pompes , & de ses grandeurs.
Si les paroles nous manquent , si
les expressions ne répondent pas
à un sujet si vaste , & si relevé ;
les choses parleront assez d'elles-
mêmes. Le cœur d'une gran-
de Reine , autrefois élevé par une
si longue suite de prosperitez,
& puis plongé tout-à-coup dans

un abyſme d'amertumes , parlera
aſſez haut : Et s'il n'eſt pas permis aux particuliers de faire des
leçons aux Princes ſur des éve-
nemens ſi étranges , un Roi me
preſte ſes paroles pour leur dire : *Et nunc Reges intelligite ; eru-*
*dimini qui judicatis terram :* En-
tendez , ô Grands de la terre,
inſtruiſez-vous , arbitres du monde.

Mais la ſage & religieuſe Princeſſe qui fait le ſujet de ce diſcours , n'a pas eté ſeulement un
ſpectacle propoſé aux hommes,
pour y étudier les conſeils de la
Divine Providence , & les fata-
les révolutions des Monarchies;
elle s'eſt inſtruite elle-même,
pendant que Dieu inſtruiſoit les
Princes par ſon exemple. J'ai
déja dit que ce grand Dieu les
enſeigne , & en leur donnant,
& en leur ôtant leur puiſſance.
La Reine , dont nous parlons,
a également entendu deux leçons ſi oppoſées ; c'eſt à dire,

qu'elle a usé chrétiennement de la bonne & de la mauvaise fortune. Dans l'une elle a été bienfaisante, dans l'autre elle s'est montrée toûjours invincible. Tant qu'elle a été heureuse, elle a fait sentir son pouvoir au monde par des bontez infinies ; quand la fortune l'eut abandonnée, elle s'enrichit plus que jamais elle-même de vertus : Tellement qu'elle a perdu pour son propre bien cette puissance Roiale qu'elle avoit pour le bien des autres ; & si ses Sujets, si ses Alliez, si l'Eglise universelle a profité de ses grandeurs, elle-même a sceû profiter de ses malheurs & de ses disgraces plus qu'elle n'avoit fait de toute sa gloire. C'est ce que nous remarquerons dans la vie éternellement memorable de treshaute, tres-excellente, & trespuissante Princesse HENRIETTE MARIE DE FRANCE, REINE DE LA GRAND' BRETAGNE.

Quoi que perſonne n'ignore les grandes qualitez d'une Reine , dont l'Hiſtoire a rempli tout l'Univers, je me ſens obligé d'abord à les rappeller en vôtre memoire , afin que cette idée nous ſerve pour toute la ſuite du diſcours. Il ſeroit ſuperflu de parler au long de la glorieuſe naiſſance de cette Princeſſe : On ne void rien ſous le Soleil qui en égale la grandeur. Le Pape Saint Gregoire a donné dés les *Lib. 5.* premiers ſiécles cét Eloge ſingu- *Ep. 6.* lier à la Couronne de France ; qu'elle eſt autant au deſſus des autres Couronnes du monde, que la Dignité Roiale ſurpaſſe les fortunes particuliéres. Que s'il a parlé en ces termes du temps du Roi Childebert, & s'il a élevé ſi haut la race de Merovée : jugez ce qu'il auroit dit du Sang de Saint Louïs , & de Charlemagne. Iſſuë de cette race, fille de Henry le Grand , & de tant de Rois, ſon grand cœur a ſurpaſſé fa naiſſance. Toute autre place qu'un Trône eût été indigne d'elle. A la verité elle eût dequoi ſatisfaire à ſa noble fierté, quand elle vit qu'elle alloit unir la Maiſon de France, à la Roiale Famille des Stuarts, qui étoient venus à la ſucceſſion de la Couronne d'Angleterre par une fille de HENRY VII. mais qui tenoient de leur Chef, depuis pluſieurs ſiécles, le Sceptre d'Ecoſſe, & qui deſcendoient de ces Rois Antiques, dont l'origine ſe cache ſi avant dans l'obſcurité des premiers tems. Mais ſi elle eût de la joye de regner ſur une grande Nation, c'eſt par-ce qu'elle pouvoit contenter le deſir immenſe, qui ſans ceſſe la ſollicitoit à faire du bien. Elle eût une magnificence Roiale, & l'on eût dit qu'elle perdoit ce qu'elle ne donnoit pas. Ses autres vertus n'ont pas été moins admirables. Fidele dépoſitaire des plaintes & des ſecrets, elle di-

foit que les Princes devoient gar-
der le même filence que les Con-
feffeurs , & avoir la même dif-
crétion. Dans la plus grande fureur des Guerres Civiles, jamais
on n'a douté de fa parole , ni
defefperé de fa clemence. Quelle autre a mieux pratiqué cét
art obligeant , qui fait qu'on fe
rabaiffe fans fe dégrader, & qui
accorde fi heureufement la liberté avec le refpect ? Douce , fa-
miliére , agréable , autant que
ferme & vigoureufe , elle fça-
voit perfuader & convaincre ,
auffi bien que commander , &
faire valoir la raifon non moins
que l'autorité. Vous verrez avec
quelle prudence elle traitoit les
affaires ; & une main fi habile
eût fauvé l'Etat , fi l'Etat eût pû
eftre fauvé. On ne peut affez
louër la magnanimité de cette
Princeffe. La Fortune ne pouvoit
rien fur elle ; ni les maux qu'elle a préveûs , ni ceux qui l'ont
furprife , n'ont abatu fon coura-

ge. Que diray-je de son attache-
ment immuable à la Religion
de ses Ancestres ? Elle a bien
sceû reconnoître que cét atta-
chement faisoit la gloire de sa
Maison , aussi bien que celle de
toute la France , seule Nation de
l'Univers , qui depuis douze sié-
cles presque accomplis , que ses
Rois ont embrassé le Christianisme , n'a jamais veû sur le
Trône que des Princes enfans
de l'Eglise. Aussi a-t-elle toûjours déclaré, que rien ne seroit
capable de la détacher de la Foi
de Saint Louïs. Le Roi son mari lui a donné, iusques à la mort,
ce bel éloge, qu'il n'y avoit que
le seul point de la Religion , où
leurs cœurs fussent desunis ; &
confirmant par son témoignage
la piété de la Reine , ce Prince
tres-éclairé a fait connoître en
même tems à toute la terre, la
tendresse , l'amour conjugal , la
sainte & inviolable fidelité de
son Epouse incomparable.

Dieu qui rapporte tous ſes conſeils à la conſervation de ſa ſainte
Egliſe, & qui fécond en moiens,
emploie toutes choſes à ſes
fins cachées, s'eſt ſervi autrefois
des chaſtes attraits de deux ſaintes Heroïnes, pour delivrer ſes
Fideles des mains de leurs ennemis. Quand il voulut ſauver la
ville de Béthulie, il tendit en la
beauté de Judith un piége impré-
veû, & inévitable à l'aveugle
brutalité d'Holoferne. Les graces
pudiques de la Reine Eſther eu-
rent un effet auſſi ſalutaire, mais
moins violent. Elle gagna le cœur
du Roi ſon mari, & fit d'un Prince infidele, un illuſtre protecteur du Peuple de Dieu. Par un
conſeil à peu prés ſemblable, ce
grand Dieu avoit préparé un charme innocent au Roi d'Angleterre, dans les agrémens infinis de
la Reine ſon Epouſe. Comme elle
poſſedoit ſon affection ( car les
nuages qui avoient paru au com-
mencement furent bientôt diſſi-

pez ) & que son heureuse fécondité redoubloit tous les jours les sacrez liens de leur amour mutuelle : sans commettre l'autorité du Roi son Seigneur, elle emploioit son crédit à procurer un peu de repos aux Catholiques accablez. Dés l'âge de quinze ans elle fut capable de ces soins: & seize années d'une prospérité accomplie, qui coulérent sans interruption, avec l'admiration de toute la terre, furent seize années de douceur pour cette Eglise affligée. Le crédit de la Reine obtint aux Catholiques ce bonheur singulier & presque incroiable, d'être gouvernez successivement par trois Nonces Apostoliques qui leur apportoient les consolations, que reçoivent les enfans de Dieu de la communication avec le Saint Siége. Le Pape Saint Grégoire écrivant au pieux Empereur Maurice , lui represente en ces termes les devoirs des Rois Chrétiens :

*Sçachez, ô grand Empereur, que la Souveraine Puiſſance vous eſt accordée d'en haut, afin que la Vertu ſoit aidée, que les voies du Ciel ſoient élargies, & que l'Empire de la Terre ſerve à l'Empire du Ciel.* C'eſt la vérité elle-même qui lui a dicté ces belles paroles. Car qu'y a-t-il de plus convenable à la puiſſance, que de ſecourir la Vertu ? A quoi la force doit-elle ſervir, qu'à défendre la raiſon ? Et pourquoi commandent les hommes, ſi ce n'eſt pour faire que Dieu ſoit obeï ? Mais ſur tout, il faut remarquer l'obligation ſi glorieuſe que ce grand Pape impoſe aux Princes, d'élargir les voies du Ciel. JESUS-CHRIST a dit dans ſon Evangile, que le chemin eſt étroit qui méne à la vie; & voici ce qui le rend ſi étroit. C'eſt que le Juſte, ſevére à lui-même, & perſecuteur irreconciliable de ſes propres paſſions, ſe trouve encore perſecuté par les injuſtes paſſions des autres ; &

*Ad hoc enim poteſtas dominorum meorum pietati cælitus data eſt ſuper omnes homines, ut qui bona appetunt adjuventur, ut cælorum via largiùs pateat, ut terreſtre regnum cæleſti regno famuletur. Greg. lib. 2, Ep. 62. Maur. Aug.*

ne peut pas même obtenir que
le monde le laisse en repos dans
ce sentier solitaire & rude, où il
grimpe plûtôt qu'il ne marche.
Accourez, dit Saint Gregoire,
Puissances du siécle : voiez dans
quel sentier la vertu chemine ;
doublement à l'étroit, & par elle-
même, & par l'effort de ceux qui
la persecutent : secourez-la, ten-
dez-lui la main : puisque vous la
voiez déja fatiguée du combat
qu'elle soûtient au dedans contre tant de tentations qui acca-
blent la nature humaine, mettez-
la du moins à couvert des insul-
tes du dehors. Ainsi vous élargi-
rez un peu les voies du Ciel, &
rétablirez ce chemin, que sa hau-
teur & son aspreté rendront toûjours assez difficile.

Mais si jamais l'on peut dire
que la voie du Chrétien est étroi-
te ; c'est, Messieurs, durant
les persecutions. Car que peut-
on imaginer de plus malheureux
que de ne pouvoir conserver la

Foi, fans s'expofer au fupplice, ni facrifier fans trouble, ni chercher Dieu qu'en tremblant ? Tel étoit l'état déplorable des Catholiques Anglois. L'erreur, & la nouveauté fe faifoient entendre dans toutes les Chaires ; & la doctrine ancienne, qui, felon l'oracle de l'Evangile, doit être prêchée jufques fur les toits, pouvoit à peine parler à l'oreille. Les enfans de Dieu étoient étonnez de ne voir plus ni l'Autel, ni le Sanctuaire, ni ces Tribunaux de mifericorde, qui juftifient ceux qui s'accufent. O douleur ! Il falloit cacher la penitence avec le même foin qu'on eût fait les crimes ; & Jesus-Christ même fe voioit contraint, au grand malheur des hommes ingrats, de chercher d'autres voiles, & d'autres tenebres, que ces voiles, & ces tenebres myftiques, dont il fe couvre volontairement dans l'Euchariftie. A l'arrivée de la Reine, la rigueur fe ralentît,

*Quod in aure auditis, prædicate fuper tecta. Matth* 10. 27.

& les Catholiques respirerent. Cette Chapelle Roiale qu'elle fit bâtir avec tant de magnificence dans son Palais de Sommerset, rendoit à l'Eglise sa premiére forme. HENRIETTE digne fille de S. Louïs, y animoit tout le monde par son exemple; & y soûtenoit avec gloire par ses retraites, par ses priéres, & par ses dévotions, l'ancienne réputation de la Tres - Chrétienne Maison de France. Les Prêtres de l'Oratoire, que le grand Pierre de Bérulle avoit conduits avec elle, & aprés eux les Peres Capucins, y donnerent par leur piété, aux Autels, leur veritable décoration ; & au Service Divin, sa Majesté naturelle. Les Prêtres & les Religieux, zelez & infatigables Pasteurs de ce troupeau affligé, qui vivoient en Angleterre pauvres, errans, travestis, *desquels aussi le monde n'étoit pas digne*, venoient reprendre avec joie les marques glorieuses de leur profession dans

Quibus dignus non erat mundus. *Heb.* 11. 38.

la Chapelle de la Reine ; & l'E-
glise desolée, qui autrefois pouvoit à peine gemir librement, &
pleurer sa gloire passée, faisoit
retentir hautement les Cantiques
de *Sion* dans une terre étrangere.
Ainsi la pieuse Reine consoloit
la captivité des Fideles, & rele-
voit leur espérance.

Quand Dieu laisse sortir du
puis de l'abysme la fumée qui
obscurcit le Soleil , selon l'ex-
pression de l'Apocalypse , c'est à    *Apoc* 9. 1.
dire , l'erreur & l'heréfie ; quand
pour punir les scandales , ou pour
réveiller les Peuples & les Pasteurs , il permet à l'esprit de se-
duction de tromper les ames hau-
taines , & de répandre par tout
un chagrin superbe, une indocile curiosité , & un esprit de revolte ; il détermine dans sa sagesse profonde les limites qu'il
veut donner au malheureux pro-
grés de l'erreur, & aux souffran-
ces de son Eglise. Je n'entreprens
pas , Chrétiens , de vous dire la

deſtinée des Heréſies de ces derniers ſiécles , ni de marquer le
terme fatal , dans lequel Dieu a
reſolu de borner leur cours.
Mais ſi mon jugement ne me
trompe pas ; ſi rappellant la memoire des ſiécles paſſez , j'en fais
un iuſte rapport à l'état preſent :
j'oſe croire , & je voi les ſages
concourir à ce ſentiment , que
les jours d'aveuglement ſont
écoulez , & qu'il eſt temps deſormais que la lumiére revienne.
Lors que le Roi HENRI VIII.
Prince en tout le reſte accompli,
s'égara dans les paſſions qui ont
perdu Salomon, & tant d'autres
Rois , & commença d'ébranler
l'autorité de l'Egliſe : les ſages
lui dénoncerent qu'en remuant
ce ſeul point , il mettoit tout en
peril , & qu'il donnoit contre
ſon deſſein une licence effrénée
aux âges ſuivans. Les ſages le
prévirent ; mais les ſages ſont-
ils crûs en ces tems d'emporte-
ment, & ne ſe rit-on pas de leurs

Propheties ? Ce qu'une judicieu-
se prévoiance n'a pû mettre dans
l'esprit des hommes, une maîtresse plus impérieuse, je veux
dire l'expérience, les a forcez
de le croire. Tout ce que la Religion a de plus saint, a été en
proie. L'Angleterre a tant changé, qu'elle ne sçait plus elle-
même à quoi s'en tenir ; & plus
agitée en sa terre & dans ses
ports mêmes, que l'Ocean qui
l'environne, elle se voit inondée
par l'effroiable débordement de
mille Sectes bizarres. Qui sçait
si étant revenuë de ses erreurs
prodigieuses touchant la Roiauté, elle ne poussera pas plus
loin ses refléxions ; & si ennuiée
de ses changemens, elle ne re-
gardera pas avec complaisance
l'état qui a précedé ? Cependant admirons ici la piété de
la Reine, qui a sceû si bien conserver les précieux restes de tant
de persecutions. Que de pauvres, que de malheureux, que

de familles ruinées pour la caufe de la Foi, ont fubfifté pendant
tout le cours de fa vie, par l'im-
menfe profufion de fes aumônes!
Elles fe répandoient de toutes
parts jufqu'aux derniéres extrémitez de fes trois Roiaumes ; &
s'étendant par leur abondance,
même fur les ennemis de la Foi,
elles adouciffoient leur aigreur,
& les ramenoient à l'Eglife. Ainfi
non feulement elle confervoit,
mais encore elle augmentoit le
peuple de Dieu. Les conver-
fions étoient innombrables ; &
ceux qui en ont été témoins ocu-
laires nous ont appris, que pendant trois ans de fejour qu'elle a
fait dans la Cour du Roi fon
Fils, la feule Chapelle Roiale a
veû plus de trois cens conver-
tis, fans parler des autres, abju-
rer faintement leurs erreurs entre les mains de fes Aumôniers.
Heureufe d'avoir confervé fi foi-
gneufement l'étincelle de ce feu
*Luc.12. 49.* divin que J E s u s eft venu allu-

mer au monde ! Si jamais l'Angleterre revient à foi , fi ce levain précieux vient un jour à fanctifier toute cette maffe , où il a été mêlé par ces Roiales mains : la pofterité la plus éloignée n'aura pas affez de loüanges pour celébrer les vertus de la religieufe HENRIETTE, & croira devoir à fa piété l'ouvrage fi mémorable du rétabliffement de l'Eglife.

Que fi l'Hiftoire de l'Eglife garde chérement la memoire de cette Reine ; noftre Hiftoire ne taira pas les avantages qu'elle a procurez à fa Maifon & à fa Patrie. Femme & Mere tres-cherie & tres-honorée , elle a reconcilié avec la France le Roi fon Mari , & le Roi fon Fils. Qui ne fçait qu'aprés la mémorable action de l'Ifle de Ré , & durant ce fameux fiége de la Rochelle , cette Princeffe promte à fe fervir des conjonctures importantes , fît conclure la Paix , qui empêcha l'Angleterre de continuer fon fecours aux Calviniſtes révoltez ? Et dans ces derniéres années, aprés que noſtre grand Roi , plus jaloux de ſa parole & du ſalut de ſes Alliez que de ſes propres intereſts , eût déclaré la guerre aux Anglois ; ne fut-elle pas encore une ſage & heureuſe Médiatrice ? Ne réünit-elle pas les deux Roiaumes ? Et depuis encore ne s'eſt-elle pas appliquée en toutes rencontres à conſerver cette même intelligence ? Ces ſoins regardent maintenant vos Altesses Roiales : & l'exemple d'une grande Reine , auſſi bien que le ſang de France & d'Angleterre , que vous avez vni par vôtre heureux mariage , vous doit inſpirer le deſir de travailler ſans ceſſe à l'union de deux Rois qui vous ſont ſi proches , & de qui la puiſſance & la vertu peuvent faire le deſtin de toute l'Europe.

Monseigneur , ce n'eſt plus ſeulement par cette vaillante

lante main & par ce grand cœur
que vous acquererez de la gloire. Dans le calme d'une profonde Paix vous aurez des moiens
de vous fignaler ; & vous pouvez
fervir l'Etat, fans l'alarmer, comme vous avez fait tant de fois,
en expofant au milieu des plus
grands hazards de la guerre une
vie auffi précieufe , & auffi né-
ceffaire que la vôtre. Ce fervice,
MONSEIGNEUR , n'eft pas le
feul qu'on attend de vous ; &
l'on peut tout efperer d'un Prince que la fageffe confeille, que
la valeur anime , & que la juftice accompagne dans toutes fes
actions. Mais où m'emporte mon
zele, fi loin de mon trifte fujet?
Je m'arrefte à confiderer les vertus de PHILIPPES, & ne fonge pas que je vous dois l'hiftoire
des malheurs de HENRIETTE.

J'avouë en la commençant,que
je fens plus que jamais la diffi-
culté de mon entreprife. Quand
j'envifage de prés les infortunes

inouïes d'une ſi grande Reine, je ne trouve plus de paroles : & mon eſprit rebuté de tant d'indignes traitemens qu'on a faits à la Majeſté & à la vertu, ne ſe réſoudroit jamais à ſe jetter parmi tant d'horreurs, ſi la conſtance admirable avec laquelle cette Princeſſe a ſoûtenu ſes calamitez, ne ſurpaſſoit de bien loin les crimes qui les ont cauſées. Mais en même temps, Chrétiens, un autre ſoin me travaille. Ce n'eſt pas un ouvrage humain que je medite. Je ne ſuis pas ici un Hiſtorien qui doive vous déveloper le ſecret des cabinets, ni l'ordre des batailles, ni les intereſts des partis : il faut que je m'éleve au deſſus de l'homme, pour faire trembler toute créature ſous les jugemens de Dieu. *J'entrerai* avec David *dans les puiſſances du Seigneur:* & j'ai à vous faire voir les merveilles de ſa main & de ſes conſeils; conſeils de juſte vengeance ſur l'Angleterre; conſeils de mi-

Introibo in potentias Domini.
*Pſal.*70.

sericorde pour le salut de la Reine : mais conseils marquez par le doit de Dieu, dont l'empreinte est si vive & si manifeste dans les événemens que j'ai à traiter, qu'on ne peut résister à cette lumiére.

Quelque haut qu'on puisse remonter, pour rechercher dans les Histoires les exemples des grandes mutations, on trouve que jusques ici elles sont causées, ou par la molesse, ou par la violence des Princes. En effet, quand les Princes négligeant de connoître leurs affaires & leurs armées, ne travaillent qu'à la chasse, comme disoit cét Historien ; n'ont de gloire que pour le luxe, ni d'esprit que pour inventer des plaisirs ; ou quand emportez par leur humeur violente, ils ne gardent plus ni loix ni mesures, & qu'ils ôtent les égards & la crainte aux hommes, en faisant que les maux qu'ils souffrent leur paroissent plus insupportables que ceux qu'ils

*Q. Curt. lib.* 8. 9.

prévoient : alors ou la licence ex-
ceſſive , ou la patience pouſſée
à l'extrémité , menacent terri-
blement les Maiſons regnantes.
CHARLES I. Roi d'Angleterre étoit juſte, moderé, magnanime, tres-inſtruit de ſes affaires,
& des moiens de regner. Jamais
Prince ne fut plus capable de
rendre la Roiauté , non ſeulement venérable & ſainte , mais
encore aimable & chere à ſes
Peuples. Que lui peut-on reprocher, ſinon la clemence ? Je veux
bien avouër de lui ce qu'un Auteur celebre a dit de Ceſar, qu'il
a été clement , juſqu'à être obli-
*Plin. lib. 7.* gé de s'en repentir : *Cæſari pro-
*cap. 25.* prium & peculiare ſit clementiæ in-
ſigne , quâ uſque ad pœnitentiam
omnes ſuperavit.* Que ce ſoit
donc là , ſi l'on veut , l'illuſtre de-
faut de CHARLES auſſi bien que
de Ceſar : mais que ceux qui veu-
lent croire que tout eſt foible
dans les malheureux & dans les
vaincus, ne penſent pas pour ce-

la nous perſuader que la force
ait manqué à ſon courage, ni
la vigueur à ſes conſeils. Pour-
ſuivi à toute outrance par l'im-
placable malignité de la fortune,
trahi de tous les ſiens, il ne s'eſt
pas manqué à luy-même. Malgré
les mauvais ſuccés de ſes armes
infortunées, ſi on a pû le vaincre, on n'a pas pû le forcer : &
comme il n'a jamais refuſé ce qui
étoit raiſonnable, étant vain-
queur ; il a toûjours rejetté ce
qui étoit foible & injuſte, étant
captif. J'ai peine à contempler
ſon grand cœur dans ces derniéres épreuves. Mais certes il a
montré qu'il n'eſt pas permis aux
rebelles de faire perdre la Majeſté à vn Roi qui ſçait ſe connoître : & ceux qui ont veû de quel
front il a paru dans la Salle de
Weſtminſter & dans la place de
Witthall, peuvent juger aiſément
combien il étoit intrépide à la
teſte de ſes armées, combien au-
guſte & majeſtueux au milieu de

son Palais & de sa Cour. Grande Reine, je satisfais à vos plus tendres desirs, quand je celebre ce Monarque : & ce cœur qui n'a jamais vêcu que pour lui, se réveille tout cendre qu'il est, & devient sensible, même sous ce drap mortuaire, au nom d'un Epoux si cher; à qui ses ennemis mêmes accorderont le titre de sage & celui de juste, & que la posterité mettra au rang des grands Princes, si son Histoire trouve des Lecteurs, dont le jugement ne se laisse pas maîtriser aux événemens ni à la fortune.

Ceux qui sont instruits des affaires, étant obligez d'avoüer que le Roi n'avoit point donné d'ouverture ni de prétexte aux excés sacrileges dont nous abhorrons la memoire, en accusent la fierté indomtable de la Nation : & je confesse que la haine des parricides pourroit jetter les esprits dans ce sentiment. Mais quand on considére de plus prés l'histoire de ce grand Roiaume, & particuliérement les derniers Regnes, où l'on voit non seulement les Rois Majeurs, mais encore les Pupilles, & les Reines mêmes si absoluës, & si redoutées ; quand on regarde la facilité incroiable avec laquelle la Religion a été ou renversée, ou rétablie par Henri, par Edoüard, par Marie, par Elizabeth : on ne trouve, ni la Nation si rebelle, ni ses Parlemens si fiers & si factieux. Au contraire, on est obligé de reprocher à ces Peuples, d'avoir été trop soumis, puis qu'ils ont mis sous le joug leur foi même & leur conscience. N'accusons donc pas aveuglément le naturel des habitans de l'Isle la plus celébre du monde, qui, selon les plus fideles Histoires, tirent leur origine des Gaules : & ne croions pas que les Merciens, les Danois, & les Saxons, aient tellement corrompu en eux ce que nos Peres leur avoient donné de bon sang,

qu'ils foient capables de s'empor-
ter à des procedez fi barbares,
s'il ne s'y étoit mêlé d'autres
caufes. Qu'eft-ce donc qui les
a pouffez ? Quelle force , quel
tranfport , quelle intemperie a
caufé ces agitations & ces violen-
ces : N'en doutons pas , Chrétiens : Les fauffes Religions , le
libertinage d'efprit , la fureur de
difputer des chofes divines fans
fin , fans regle , fans foumiffion,
a emporté les courages. Voila
les ennemis que la Reine a eû à
combattre , & que ni fa prudence , ni fa douceur , ni fa fermeté,
n'ont pû vaincre.

J'ay déja dit quelque chofe de
la licence où fe jettent les efprits,
quand on ébranle les fondemens
de la Religion , & qu'on remuë
les bornes vne fois pofées. Mais
comme la matiére que je traite
me fournit un exemple manifefte & unique dans tous les fiécles de ces extrémitez furieufes :
il eft, MESSIEURS, de la ne-

ceffité de mon fujet, de remonter jufques au principe, & de vous conduire pas-à-pas par tous les excés où le mépris de la Religion ancienne, & celui de l'autorité de l'Eglife, ont été capables de pouffer les hommes.

Donc la fource de tout le mal eft que ceux qui n'ont pas craint de tenter au fiécle paffé la reformation par le fchifme, ne trouvant point de plus fort rempart contre toutes leurs nouveautez, que la fainte autorité de l'Eglife, ils ont été obligez de la renverfer. Ainfi les Decrets des Conciles, la doctrine des Peres, & leur fainte unanimité, l'ancienne tradition du Saint Siége & de l'Eglife Catholique, n'ont plus été comme autrefois des Loix facrées & inviolables. Chacun s'eft fait à foi-même un tribunal, où il s'eft rendu l'arbitre de fa croiance : & encore qu'il femble que les novateurs aient voulu retenir les efprits, en les renfermant dans

les limites de l'Ecriture Sainte;
comme ce n'a été qu'à condition
que chaque Fidele en devien-
droit l'interprete, & croiroit que
le Saint Esprit lui en dicte l'ex-
plication, il n'y a point de parti-
culier qui ne se voie autorisé par
cette doctrine à adorer ses inven-
tions, à consacrer ses erreurs, à
appeller Dieu tout ce qu'il pense.
Dés lors on a bien préveû que
la licence n'aiant plus de frein,
les Sectes se multiplieroient jusqu'à l'infini ; que l'opiniâtreté seroit invincible; & que tandis que
les uns ne cesseroient de dispu-
ter, ou donneroient leurs réveries pour inspirations, les autres fatiguez de tant de fol-
les visions, & ne pouvant plus
reconnoître la majesté de la Religion dechirée par tant de Sectes, iroient enfin chercher un
repos funeste, & une entié-
re indépendance, dans l'indiffe-
rence des Religions, ou dans l'A-
théisme.

Tels , & plus pernicieux encore , comme vous verrez dans la fuite , font les effets naturels de cette nouvelle doctrine. Mais de même qu'une eau débordée ne fait pas par tout les mêmes ravages , parce que fa rapidité ne trouve pas par tout les mêmes penchans & les mêmes ouvertures : ainfi quoi que cét efprit d'indocilité & d'indépendance foit également répandu dans toutes les Heréfies de ces derniers fiécles , il n'a pas produit univerfellement les mêmes effets ; il a receû diverfes limites, fuivant que la crainte, ou les interefts, ou l'humeur des particuliers & des nations, ou enfin la puiffance Divine, qui donne quand il lui plaît des bornes fecretes aux paffions des hommes les plus emportées , l'ont différemment retenu. Que s'il s'eft montré tout entier à l'Angleterre, & fi fa malignité s'y eft déclarée fans referve ; les Rois en ont fouffert, mais aussi les Rois en ont été cause. Il ont trop fait sentir aux Peuples que l'ancienne Religion se pouvoit changer. Les Sujets ont cessé d'en reverer les maximes, quand ils les ont veû ceder aux passions, & aux interests de leurs Princes. Ces terres trop remuées, & devenuës incapables de consistance, sont tombées de toutes parts, & n'ont fait voir que d'effroiables précipices. J'appelle ainsi tant d'erreurs témeraires & extravagantes qu'on voioit paroître tous les jours. Ne croiez pas que ce soit seulement la querelle de l'Episcopat, ou quelques chicanes sur la Liturgie Anglicane, qui aient émeû les Communes. Ces disputes n'étoient encore que de foibles commencemens, par où ces esprits turbulens faisoient comme un essai de leur liberté. Mais quelque chose de plus violent se remuoit dans le fond des cœurs : c'étoit un dégoût secret de tout ce qui a de l'autorité, & une demangeaison d'innover fans fin , aprés qu'on en a veû le premier exemple.

Ainfi les Calviniftes plus hardis que les Luthériens , ont fervi à établir les Sociniens qui ont été plus loin qu'eux , & dont ils groffiffent tous les jours le parti. Les Sectes infinies des Anabaptiftes font forties de cette même fource : & leurs opinions mêlées au Calvinifme ont fait naître les Indépendans, qui n'ont point eû de bornes ; parmi lefquels on voit les Trembleurs , gens fanatiques , qui croient que toutes leurs réveries leur font infpirées ; & ceux qu'on nomme Chercheurs , à caufe que dix-fept cens ans aprés JESUS-CHRIST ils cherchent encore la Religion , & n'en ont point d'arrêtée.

C'eft, MESSIEURS, en cette forte que les efprits une fois émûs, tombant de ruines en ruines , fe font divifez en tant de Sectes. En vain les Rois d'Angleterre ont crû les pouvoir retenir fur cette pente dangereufe, en confervant l'Epifcopat. Car que peuvent des Evêques, qui ont anéanti eux-mêmes l'autorité de leur Chaire, & la reverence qu'on doit à la fucceffion, en condamnant ouvertement leurs Prédeceffeurs, jufques à la fource même de leur Sacre ; c'eft à dire, jufqu'au Pape Saint Gregoire, & au Saint Moine Auguftin fon Difciple, & le premier Apoftre de la Nation Angloife ? Qu'eft-ce que l'Epifcopat, quand il fe fepare de l'Eglife, qui eft fon tout, auffi bien que du S. Siége, qui eft fon centre, pour s'attacher contre fa nature à la Roiauté comme à fon chef ? Ces deux puiffances d'un ordre fi différent ne s'uniffent pas, mais s'embaraffent mutuellement, quand on les confond enfemble : & la Majefté des Rois d'Angleterre feroit demeurée plus inviolable, fi contente de fes droits facrez, elle n'avoit point voulu attirer à foi les droits & l'autorité de l'Eglise. Ainſi rien n'a retenu la violence des eſprits feconds en erreurs : & Dieu, pour punir l'irreligieuſe inſtabilité de ces Peuples, les a livrez à l'intemperance de leur folle curioſité ; en ſorte que l'ardeur de leurs diſputes inſenſées, & leur Religion arbitraire, eſt devenuë la plus dangereuſe de leurs maladies.

Il ne faut point s'étonner s'ils perdirent le reſpect de la Majeſté, & des Loix, ni s'ils devinrent factieux, rebelles, & opiniâtres. On énerve la Religion, quand on la change, & on lui ôte un certain poids, qui ſeul eſt capable de tenir les Peuples. Ils ont dans le fond du cœur je ne ſçai quoi d'inquiet qui s'échape, ſi on leur ôte ce frein neceſſaire ; & on ne leur laiſſe plus rien à ménager, quand on leur permet de ſe rendre maîtres de leur Religion. C'eſt de là que nous eſt né ce prétendu Regne

de Christ, inconnu jufques
alors au Chriftianifme , qui
devoit anéantir toute Roiauté , & égaler tous les hommes;
fonge feditieux des Indépendans , & leur chimére impie &
facrilege. Tant il eft vrai que
tout fe tourne en revoltes , &
en penfées feditieufes , quand l'autorité de la Religion eft anéan-
tie. Mais pourquoi chercher des
preuves d'une verité que le S.
Efprit a prononcée par une fen-
tence manifefte ? Dieu même
menace les Peuples qui alterent
la Religion qu'il a établie, de fe
retirer du milieu d'eux, & par là
de les livrer aux guerres civiles.
Ecoutez comme il parle par la
bouche du Prophete Zacharie :
*Leur ame,* dit le Seigneur, *a va-
rié envers moi ,* quand ils ont fi
fouvent changé la Religion ; *&
je leur ai dit , je ne ferai plus vôtre Pafteur :* c'eft à dire , je vous
abandonnerai à vous mêmes , &
à vôtre cruelle deftinée ; & voiez

Anima eo-
rum varia-
vit in me;
& dixi,non
pafcã vos.
Quod mo-
ritur, mo-
riatur; &
quod fuc-

la suite. *Que ce qui doit mourir, aille à la mort; que ce qui doit eſtre retranché, ſoit retranché.* Entendez-vous ces paroles? *Et que ceux qui demeureront, ſe devorent les uns les autres.* O Prophetie trop réelle, & trop veritablement accomplie! La Reine avoit bien raiſon de juger qu'il n'y avoit point de moien d'ôter les cauſes des guerres civiles, qu'en retournant à l'unité Catholique, qui a fait fleurir durant tant de ſiécles l'Egliſe & la Monarchie d'Angleterre, autant que les plus ſaintes Egliſes, & les plus illuſtres Monarchies du monde. Ainſi quand cette pieuſe Princeſſe ſervoit l'Egliſe, elle croioit ſervir l'Etat; elle croioit aſſûrer au Roi des ſerviteurs, en conſervant à Dieu des Fideles. L'expérience a juſtifié ſes ſentimens; & il eſt vrai, que le Roi ſon fils n'a rien trouvé de plus ferme dans ſon ſervice, que ces Catholiques ſi haïs, ſi perſecutez, que lui avoit ſauvez la Reine ſa Mere. En effet il

ciditur, ſucidatur, & reliqui devorent unuſquiſque carnem proximi ſui. *Zach.* 11. 9.

eſt viſible, que puiſque la ſepa-
ration & la revolte contre l'autorité de l'Egliſe, a eſté la ſource
d'où ſont dérivez tous les maux;
on n'en trouvera jamais les re-
medes que par le retour à l'unité, & par la ſoumiſſion ancienne. C'eſt le mépris de cette unité
qui a diviſé l'Angleterre. Que ſi
vous me demandez, comment tant
de factions oppoſées, & tant de
Sectes incompatibles, qui ſe devoient apparemment détruire les
unes les autres, ont pû ſi opiniâ-
trément conſpirer enſemble contre
le Trône Roial, vous l'allez ap-
prendre.

Un homme s'eſt rencontré d'u-
ne profondeur d'eſprit incroiable, hypocrite rafiné autant qu'habile Politique, capable de tout
entreprendre & de tout cacher,
également actif & infatigable
dans la paix & dans la guerre,
qui ne laiſſoit rien à la fortune
de ce qu'il pouvoit lui oſter par
conſeil & par prévoiance ; mais

au reste si vigilant, & si prest à
tout, qu'il n'a jamais manqué
les occasions qu'elle lui a presen-
tées ; enfin, un de ces esprits re-
muans & audacieux, qui sem-
blent estre nez pour changer le
monde. Que le sort de tels esprits est hazardeux, & qu'il en
paroît dans l'histoire à qui leur
audace a été funeste ! Mais aussi
que ne font-ils pas, quand il plaît
à Dieu de s'en servir ? Il fut don-
né à celui-ci de tromper les Peu-     *Apoc.* 13.
ples, & de prévaloir contre les     5. 7.
Rois. Car comme il eût apper-
ceû que dans ce mélange infini de Sectes, qui n'avoient plus
de regles certaines, le plaisir de
dogmatiser sans être repris ni
contraint par aucune autorité Ec-
clésiastique ni seculiére, étoit le
charme qui possedoit les esprits :
il sceût si bien les concilier par
là, qu'il fit un corps redoutable
de cét assemblage monstrueux.
Quand une fois on a trouvé le
moien de prendre la multitude

par l'appas de la liberté, elle fuit
en aveugle, pourveû qu'elle en
entende feulement le nom. Ceux-
ci occupez du premier objet qui
les avoit tranfportez, alloient
toûjours, fans regarder qu'ils alloient à la fervitude : & leur fub-
til conducteur, qui en combat-
tant, en dogmatifant, en mêlant
mille perfonnages divers, en fai-
fant le Docteur & le Prophete,
auffi bien que le Soldat & le Capitaine, vit qu'il avoit tellement
enchanté le monde, qu'il étoit
regardé de toute l'armée comme
un Chef envoié de Dieu pour la
protection de l'indépendance,
commença à s'appercevoir qu'il
pouvoit encore les pouffer plus
loin. Je ne vous raconterai pas
la fuite trop fortunée de fes entreprifes, ni fes fameufes victoi-
res, dont la vertu étoit indignée,
ni cette longue tranquillité qui
a étonné l'Univers. C'étoit le Con-
feil de Dieu d'inftruire les Rois
à ne point quitter fon Eglife. Il

vouloit découvrir par un grand exemple tout ce que peut l'here-sie, combien elle est naturelle-ment indocile & indépendante, combien fatale à la Roiauté, & à toute autorité legitime. Au re-ste, quand ce grand Dieu a choi-si quelqu'un pour être l'instru-ment de ses desseins, rien n'en arrête le cours ; ou il enchaîne, ou il aveugle, ou il domte tout ce qui est capable de resistan-ce. [a] *Je suis le Seigneur*, dit-il par la bouche de Jeremie ; *c'est moi qui ai fait la terre avec les hom-mes, & les animaux, & je la mets entre les mains de qui il me plaist.* [b] *Et maintenant j'ai voulu soumettre ces terres à Nabuchodo-nosor Roi de Babilone, mon servi-teur.* Il l'appelle son serviteur, quoi qu'infidele, à cause qu'il l'a nommé pour exécuter ses decrets. [c] *Et j'ordonne*, poursuit-il, *que tout lui soit soumis, jusqu'aux ani-maux.* Tant il est vrai que tout plie, & que tout est souple quand Dieu le commande. Mais écoutez la suite de la Prophetie. [a] *Je veux que ces peuples lui obeïs-sent, & qu'ils obeïssent encore à son fils, jusqu'à ce que le temps des uns & des autres vienne.* Voiez, Chrétiens, comme les temps sont marquez, comme les generations sont comtées: Dieu détermine jusques à quand doit durer l'assoupisse-ment, & quand aussi se doit ré-veiller le monde.

Tel a été le sort de l'Angle-terre. Mais que dans cette ef-froiable confusion de toutes cho-ses, il est beau de considerer ce que la grande HENRIETTE a entrepris pour le salut de ce Roiaume; ses voiages, ses negocia-tions, ses traitez, tout ce que sa prudence & son courage oppo-soient à la fortune de l'Etat, & enfin sa constance, par laquelle n'aiant pû vaincre la violence de la destinée, elle en a si noble-ment soustenu l'effort. Tous les jours elle ramenoit quelqu'un des

[a] Et ser-vient ei, & servient filio ejus, &c. donec veniat té-pus terræ ejus, & ip-sius. *Ibid.*

rebelles.; & de peur qu'ils ne fuſ-
ſent malheureuſement engagez
à faillir toûjours , parce qu'ils
avoient failli une fois , elle vouloit qu'ils trouvaſſent leur refu-
ge dans ſa bonté , & leur ſeu-
reté dans ſa parole. Ce fut entre
ſes mains que le Gouverneur de
Scarborougk remit ce Port , &
ce Château inacceſſible. Les deux
Hothams pere & fils , qui avoient
donné le premier exemple de
perfidie , en refuſant au Roi même les portes de la Fortereſſe,
& du Port de Hull , choiſirent la
Reine pour médiatrice , & devoient rendre au Roi cette Place avec celle de Beverlei. Mais
ils furent prévenus , & décapi-
tez : & Dieu qui voulut punir
leur honteuſe deſobeïſſance par
les propres mains des Rebelles,
ne permit pas que le Roi profi-
tât de leur repentir. Elle avoit
encore gagné un Maire de Londres , dont le credit étoit grand,
& pluſieurs autres Chefs de la

faction. Preſque tous ceux qui lui parloient, ſe rendoient à elle : & ſi Dieu n'eût point été inflexible, ſi l'aveuglement des Peuples n'eût pas été incurable, elle auroit gueri les eſprits, & le parti le plus juſte auroit été le plus fort.

On ſçait, Messieurs, que la Reine a ſouvent expoſé ſa perſonne dans ces conférences ſecretes ; mais j'ay à vous faire voir de plus grands hazards. Les Rebelles s'étoient ſaiſis des Arſenaux & des Magazins ; & malgré la défection de tant de Sujets, malgré l'infame deſertion de la milice même, il étoit encore plus aiſé au Roi de lever des ſoldats que de les armer. Elle abandonne pour avoir des armes & des munitions, non ſeulement ſes joyaux, mais encore le ſoin de ſa vie. Elle ſe met en mer au mois de Fevrier, malgré l'hiver & les tempeſtes ; & ſous prétexte de conduire en Hollande la Princeſſe Roiale, ſa

fille

fille aînée, qui avoit été mariée à Guillaume Prince d'Orange, elle va pour engager les Etats dans les interefts du Roi, lui gagner des Officiers, lui amener des munitions. L'hiver ne l'avoit pas effraiée, quand elle partit d'Angleterre ; l'hiver ne l'arrefte pas onze mois aprés, quand il faut retourner auprés du Roi : mais le fuccés n'en fut pas femblable. Je tremble au feul recit de la tempefte furieufe, dont fa flotte fut batuë durant dix jours. Les Matelots furent alarmez jufqu'à perdre l'efprit, & quelques-uns d'entre eux fe précipitérent dans les ondes. Elle toûjours intrépide, autant que les vagues étoient émeuës, rafluroit tout le monde par fa fermeté. Elle excitoit ceux qui l'accompagnoient à efpérer en Dieu qui faifoit toute fa confiance ; & pour éloigner de leur efprit les funeftes idées de la mort qui fe prefentoit de tous coftez, elle difoit avec vn

c

air de ſérénité qui ſembloit déja ramener le calme , que les Reines ne ſe noioient pas. Helas! elle eſt réſervée à quelque choſe de bien plus extraordinaire : & pour s'être ſauvée du naufrage, ſes malheurs n'en ſeront pas moins déplorables. Elle vit perir ſes vaiſſeaux, & preſque toute l'eſpérance d'un ſi grand ſecours. L'Amiral, où elle étoit , conduit par la main de celui qui domine ſur la profondeur de la mer, & qui domte ſes flots ſoulevez, fut repouſſé aux Ports de Hollande ; & tous les Peuples furent étonnez d'une delivrance ſi miraculeuſe.

Ceux qui ſont échapez du naufrage , diſent un éternel adieu à la mer & aux vaiſſeaux ; ils n'en peuvent même ſupporter la veuë , comme dit Tertullien. Cependant onze jours aprés , ô réſolution étonnante! la Reine à peine ſortie d'une tourmente ſi épouvantable , preſſée du deſir de revoir le Roi, & de le ſecou-

*Naufragio liberati, exinde repudium & navi & mari dicunt. Tertull. de Pœnit.*

fir, ofe encore fe commettre à la furie de l'Ocean, & à la rigueur de l'hiver. Elle ramaſſe quelques vaiſſeaux qu'elle charge d'Officiers & de munitions, & repaſſe enfin en Angleterre. Mais qui ne feroit étonné de la cruelle deſtinée de cette Princeſſe ? Aprés s'être fauvée des flots, une autre tempeſte lui fut prefque fatale. Cent piéces de canon tonnérent fur elle à fon arrivée, & la maiſon où elle entra fut percée de leurs coups. Qu'elle eût d'aſſûrance dans cét effroiable peril ! Mais qu'elle eût de clemence pour l'auteur d'un ſi noir attentat ! On l'amena priſonnier peu de temps aprés ; elle lui pardonna fon crime, le livrant pour tout fupplice à fa confcience, & à la honte d'avoir entrepris fur la vie d'une Princeſſe ſi bonne & ſi gcnéreuſe. Tant elle étoit au deſſus de la vengeance, auſſi bien que de la crainte. Mais ne la verrons-nous jamais auprés du Roi, qui

souhaite si ardemment son retour ?
Elle brûle du même desir, & déja je la voi paroître dans un nou-
vel appareil. Elle marche comme
un Général à la tête d'une armée
Roiale, pour traverser des Pro-
vinces que les Rebelles tenoient
presque toutes. Elle assiége &
prend d'assaut en passant une Place considérable, qui s'opposoit à
sa marche ; elle triomphe, elle
pardonne ; & enfin le Roi la
vient recevoir dans une campagne, où il avoit remporté l'an-
née précedente une victoire si-
gnalée sur le Général Essex. Une
heure aprés on apporta la nouvelle d'une grande bataille ga-
gnée. Tout sembloit prosperer
par sa presence ; les Rebelles
étoient consternez : & si la Reine en eût été cruë ; si au lieu de
diviser les armées Roiales, & de
les amuser, contre son avis, aux
siéges infortunez de Hull & de
Glocester, on eût marché droit
à Londres, l'affaire étoit déci-

dée, & cette campagne eût fini la guerre. Mais le moment fut manqué. Le terme fatal approchoit ; & le Ciel, qui sembloit suspendre, en faveur de la piété de la Reine, la vengeance qu'il meditoit, commença à se déclarer. *Tu sçais vaincre*, disoit un brave Africain au plus rusé Capitaine qui fut jamais, *mais tu ne sçais pas user de ta victoire : Rome que tu tenois, t'échappe ; & le destin ennemi t'a ôté tantôt le moien, tantôt la pensée de la prendre.* Depuis ce malheureux moment tout alla visiblement en décadence, & les affaires furent sans retour. La Reine qui se trouva grosse, & qui ne pût par tout son crédit faire abandonner ces deux siéges, qu'on vit enfin si mal reüssir, tomba en langueur, & tout l'Etat languit avec elle. Elle fut contrainte de se separer d'avec le Roi, qui étoit presque assiégé dans Oxford, & ils se dirent un adieu bien triste, quoi qu'ils ne

*Tum Maharbal : vincere scis, Annibal ; victoria uti nescis.* Liv. Dec. 3. lib. 2.

*Potiundæ urbis Romæ, modò mentem non dari, modò fortunam. Ibid. lib. 6.*

sceuſſent pas que c'étoit le dernier. Elle ſe retire à Exeter, ville forte, où elle fut elle-même bientôt aſſiégée. Elle y accoucha d'une Princeſſe, & ſe vit douze jours aprés contrainte de prendre la fuite pour ſe refugier en France.

PRINCESSE, dont la deſtinée eſt ſi grande & ſi glorieuſe, faut-il que vous naiſſiez en la puiſſance des ennemis de vôtre Maiſon? O Eternel, veillez ſur elle; Anges ſaints, rangez à l'entour vos eſcadrons inviſibles, & faites la garde autour du berceau d'une Princeſſe ſi grande & ſi delaiſſée. Elle eſt deſtinée au ſage & valeureux PHILIPPES, & doit des Princes à la France dignes de lui, dignes d'elle, & dignes de leurs Ayeux. Dieu l'a protegée, MESSIEURS. Sa Gouvernante, deux ans aprés tire ce précieux enfant des mains des Rebelles : & quoi qu'ignorant ſa captivité, & ſentant trop ſa grandeur, elle ſe découvre elle-même ; quoi que re-

fufant tous les autres noms , elle
s'obftine à dire qu'elle eft la Princeffe ; elle eft enfin amenée auprés de la Reine fa mere , pour
faire fa confolation durant fes
malheurs , en attendant qu'elle
faffe la felicité d'un grand Prince , & la joie de toute la France.
Mais j'interromps l'ordre de mon
Hiftoire. J'ai dit que la Reine fut
obligée à fe retirer de fon Roiaume. En effet elle partit des Ports
d'Angleterre à la veuë des vaif-
feaux des Rebelles , qui la pour-
fuivoient de fi prés , qu'elle en-
tendoit prefque leurs cris & leurs
menaces infolentes. O voiage
bien different de celui qu'elle
avoit fait fur la même mer , lors
que venant prendre poffeffion du
Sceptre de la Grand' Bretagne ,
elle voioit , pour ainfi dire , les
ondes fe courber fous elle , &
foumettre toutes leurs vagues à
la dominatrice des mers ! Maintenant chaffée , pourfuivie par fes
ennemis implacables , qui avoient

eû l'audace de lui faire son pro-
cés , tantôt sauvée , tantôt presque prise , changeant de fortune
à chaque quart d'heure , n'aiant
pour elle que Dieu , & son courage inébranlable , elle n'avoit
ni assez de vents ni assez de voiles pour favoriser sa fuïte préci-
pitée. Mais enfin elle arrive à
Brest , où aprés tant de maux il
lui fut permis de respirer un
peu.

Quand je considére en moi-
même les perils extrêmes & con-
tinuels, qu'a couru cette Princesse
sur la mer & sur la terre, durant
l'espace de prés de dix ans ; &
que d'ailleurs je vois que toutes
les entreprises sont inutiles contre sa Personne, pendant que tout
réüssit d'une maniére surprenante
contre l'Etat : que puis-je penser
autre chose, sinon que la Providence, autant attachée à lui conserver la vie, qu'à renverser sa puissance, a voulu qu'elle survêquît à
ses grandeurs , afin qu'elle pût sur-

vivre aux attachemens de la terre,
& aux sentimens d'orgueil qui
corrompent d'autant plus les ames,
qu'elles sont plus grandes, & plus
élevées ? Ce fut un conseil à peu
prés semblable, qui abaissa autrefois David sous la main du rebelle Absalom. *Le voyez-vous ce*
*grand Roi*, dit le saint & éloquent
Prêtre de Marseille, *le voiez-*
*vous seul, abandonné, tellement dé-*
*chû dans l'esprit des siens, qu'il*
*devient un objet de mépris aux uns,*
*&, ce qui est plus insupportable à*
*un grand courage, un objet de pi-*
*tié aux autres ; ne sçachant,* pour-
suit Salvien, *de laquelle de ces*
*deux choses il avoit le plus à se*
*plaindre, ou de ce que Siba le*
*nourrissoit, ou de ce que Sémei avoit*
*l insolence de le maudire.* Voilà,
Messieurs, une image, mais
imparfaite, de la Reine d'Angleterre, quand aprés de si étranges humiliations, elle fut encore
contrainte de paroître au monde,
& d'étaler, pour ainsi dire, à la

Dejectus usque in suorum, quod grave est, contumeliam, vel, quod gravius, misericordiam, ut vel Siba eum pasceret, vel ei maledicere Semei publicè non timeret. *Salv. l.* 2, *de guber. Dei.*

France même, & au Louvre, où
elle étoit née avec tant de gloire , toute l'étenduë de fa mifére.
Alors elle pût bien dire avec le
Prophete Ifaie : *Le Seigneur des
armées a fait ces chofes, pour anéantir
tout le fafte des grandeurs humaines,
& tourner en ignominie ce que l'V-
nivers a de plus augufte.* Ce n'eft
pas que la France ait manqué à
la fille de HENRY LE GRAND.
ANNE la magnanime, la pieufe,
que nous ne nommerons jamais
fans regret , la receut d'une maniére convenable à la Majefté
des deux Reines. Mais les affaires du Roi ne permettant pas que
cette fage Regente pût propor-
tionner le remede au mal ; jugez
de l'état de ces deux Princeffes.
HENRIETTE d'un fi grand
cœur eft contrainte de demander
du fecours : ANNE d'un fi grand
cœur , ne peut en donner affez.
Si l'on eût pû avancer ces belles
années, dont nous admirons maintenant le cours glorieux : Louïs,

*Dominus
exerci-
tuum cogi-
tavit hoc ,
ut detrahe-
ret fuper-
biam om-
nis gloriæ
& ad igno-
miniam
deduceret
univerfos
inclytos
terræ.*
*Ifa. 23. 9.*

qui entend de si loin les gemis-
semens des Chrétiens affligez ;
qui assûré de sa gloire , dont la
sagesse de ses Conseils , & la droi-
ture de ses intentions lui répondent toûjours, malgré l'incertitu-
de des événemens , entreprend
lui seul la cause commune , &
porte ses armes redoutées à tra-
vers des espaces immenses de
mer & de terre; auroit-il refusé
son bras à ses voisins, à ses alliez,
à son propre sang , aux droits sacrez de la Roiauté, qu'il sçait si
bien maintenir? Avec quelle puissance l'Angleterre l'auroit-elle
veû invincible défenseur, ou ven-
geur present de la Majesté violée ? Mais Dieu n'avoit laissé aucune ressource au Roi d'Angleterre : tout lui manque , tout lui
est contraire. Les Ecossois, à qui
il se donne, le livrent aux Parle-
mentaires Anglois, & les Gardes
fideles de nos Rois, trahissent le
leur. Pendant que le Parlement
d'Angleterre songe à congédier

l'armée ; cette armée toute indépendante, reforme elle-même à
fa mode le Parlement, qui eût
gardé quelques mefures , & fe
rend Maîtreffe de tout. Ainfi le
Roi eft mené de captivité en captivité ; & la Reine remuë en vain
la France, la Hollande, la Polo-
gne même , & les puiffances du
Nort les plus éloignées. Elle ra-
nime les Ecoffois , qui arment
trente mille hommes : elle fait
avec le Duc de Lorraine une entreprife pour la delivrance du Roi
fon Seigneur , dont le fuccés paroît infaillible, tant le concert en
eft jufte. Elle retire fes chers enfans , l'unique efpérance de fa
Maifon ; & confeffe, à cette fois,
que parmi les plus mortelles douleurs , on eft encore capable de
joie. Elle confole le Roi, qui lui
écrit de fa prifon même, qu'elle
feule foûtient fon efprit, & qu'il
ne faut craindre de lui aucune
baffeffe , parce que fans ceffe il
fe fouvient qu'il eft à elle. O me-

re, ô femme, ô Reine admirable, & digne d'une meilleure fortune, ſi les fortunes de la terre étoient quelque choſe! Enfin il faut ceder à vôtre ſort. Vous avez aſſez ſoûtenu l'Etat, qui eſt attaqué par une force invincible & divine: il ne reſte plus deſormais, ſinon que vous teniez ferme parmi ſes ruines.

Comme une colomne, dont la maſſe ſolide paroît le plus ferme appui d'un temple ruineux, lors que ce grand édifice qu'elle ſoûtenoit, fond ſur elle ſans l'abbattre: ainſi la Reine ſe montre le ferme ſoûtien de l'Etat, lors qu'aprés en avoir long-temps porté le faix, elle n'eſt pas même courbée ſous ſa chûte.

Qui cependant pourroit exprimer ſes juſtes douleurs? Qui pourroit raconter ſes plaintes? Non, MESSIEURS, Jeremie lui même, qui ſeul ſemble être capable d'égaler les Lamentations aux cala-

a Facti sunt filij mei perditi, quoniam invaluit inimicus. *Lam.* 1. 16.
b Manum suam misit hostis ad omnia desiderabilia eius. *Ibid.* 1. 10.
c Polluit Regnum & Principes eius. *Ibid.* 2. 2.
d Recedite à me, amarè flebo; nolite incumbere, ut consolemini me. *Is.* 22. 4.
e Foris interficit gladius, & domi mors similis est. *Lam.* 1. 20.

mitez, ne suffiroit pas à de tels regrets. Elle s'écrie avec ce Prophete : *Voiez, Seigneur, mon affliction.* ᵃ *Mon ennemi s'est fortifié, & mes enfans sont perdus.* ᵇ *Le cruel a mis sa main sacrilege sur ce qui m'étoit le plus cher.* ᶜ *La Roiauté a été profanée, & les Princes sont foulez aux pieds.* ᵈ *Laissez-moi, je pleurerai amerement ; n'entreprenez pas de me consoler.* ᵉ *L'épée a frappé au dehors, mais je sens en moi-même une mort semblable.*

Mais, aprés que nous avons écouté ses plaintes : Saintes Filles, ses cheres amies, ( car elle vouloit bien vous nommer ainsi ) vous qui l'avez veuë si souvent gémir devant les autels de son unique Protecteur, & dans le sein desquels elle a versé les secretes consolations qu'elle en recevoit ; mettez fin à ce discours, en nous racontant les sentimens Chrétiens, dont vous avez été les témoins fideles. Combien de fois a-t-elle en ce lieu remercié Dieu humblement de deux grandes graces ; l'une de l'avoir fait Chrétienne ; l'autre , MESSIEURS: qu'attendez-vous ? Peut-être d'avoir rétabli les affaires du Roi son Fils ? Non. C'est de l'avoir fait Reine malheureuse. Ha je commence à regretter les bornes étroites du lieu où je parle ! Il faut éclatter , percer cette enceinte , & faire retentir bien loin une parole qui ne peut être assez entenduë. Que ses douleurs l'ont renduë sçavante dans la science de l'Evangile , & qu'elle a bien connu la Religion , & la vertu de la Croix , quand elle a uni le Christianisme avec les malheurs ! Les grandes prospéritez nous aveuglent , nous transportent , nous égarent , nous font oublier Dieu , nous-mêmes , & les sentimens de la Foi. De là naissent des monstres de crimes , des rafinemens de plaisir, des délicatesses d'orgueil, qui ne don-

nent que trop de fondement à
ces terribles maledictions, que
Jesus-Christ a prononcées
dans son Evangile : *Malheur à
vous qui riez ; malheur à vous qui
estes pleins , & contens du monde.*
Au contraire, comme le Christianisme a pris sa naissance de la
Croix, ce sont aussi les malheurs
qui le fortifient. Là on expie ses
pechez ; là on épure ses intentions ; là on transporte ses desirs
de la Terre au Ciel ; là on pert
tout le goût du monde , & on
cesse de s'appuier sur soi-même
& sur sa prudence. Il ne faut pas
se flatter ; les plus experimentez
dans les affaires font des fautes
capitales. Mais que nous nous
pardonnons aisément nos fautes,
quand la fortune nous les pardonne ! & que nous nous croions
bientôt les plus éclairez & les
plus habiles , quand nous som-
mes les plus élevez & les plus
heureux ! Les mauvais succés sont
les seuls maîtres qui peuvent nous

reprendre utilement, & nous arracher cét aveu d'avoir failli, qui coûte tant à nôtre orgueil. Alors, quand les malheurs nous ouvrent les yeux , nous repaſſons avec amertume ſur tous nos faux pas : nous nous trouvons également accablez de ce que nous avons fait , & de ce que nous avons manqué de faire ; & nous ne ſçavons plus par où excuſer cette prudence préſomptueuſe , qui ſe croioit infaillible. Nous voions que Dieu ſeul eſt ſage ; & en déplorant vainement les fautes qui ont ruiné nos affaires, une meilleure réflexion nous apprend à déplorer celles qui ont perdu nôtre éternité , avec cette ſinguliére conſolation , qu'on les répare quand on les pleure.

Dieu a tenu douze ans ſans relâche, ſans aucune conſolation de la part des hommes , nôtre malheureuſe Reine ( donnons lui hautement ce titre , dont elle a fait un ſujet d'actions de graces )

lui faisant étudier sous sa main
ces dures , mais solides leçons.
Enfin fléchi par ses Vœux & par
son humble patience , il a rétabli
la Maison Roiale. Charles II.
est reconnu , & l'injure des Rois
a été vengée. Ceux que les armes
n'avoient pû vaincre , ni les conseils ramener , sont revenus tout
à coup d'eux-mêmes : déceus par
leur liberté , ils en ont à la fin
détesté l'excés ; honteux d'avoir
tant pû , & leurs propres succés
leur faisant horreur. Nous sça-
vons que ce Prince magnanime
eût pû hâter ses affaires , en se
servant de la main de ceux qui
s'offroient à détruire la tyrannie
par un seul coup. Sa grande ame
a dédaigné ces moiens trop bas.
Il a crû qu'en quelque état que
fussent les Rois , il étoit de leur
Majesté de n'agir que par les
Loix , ou par les armes. Ces Loix
qu'il a protegées , l'ont rétabli
presque toutes seules : il regne
paisible & glorieux sur le Trône

de fes Ancêtres ; & fait-regner avec lui la juftice, la fageffe, & la clemence.

Il eft inutile de vous dire combien la Reine fut confolée par ce merveilleux événement ; mais elle avoit appris par fes malheurs, à ne changer pas dans un fi grand changement de fon état. Le monde une fois banni, n'eût plus de retour dans fon cœur. Elle vit avec étonnement que Dieu, qui avoit rendu inutiles tant d'entreprifes & tant d'efforts, parce qu'il attendoit l'heure qu'il avoit marquée, quand elle fut arrivée, alla prendre, comme par la main, le Roi fon fils pour le conduire à fon Trône. Elle fe foumit plus que jamais à cette main fouveraine, qui tient du plus haut des Cieux les rênes de tous les Empires ; & dédaignant les Trônes qui peuvent être ufurpez, elle attacha fon affection au Roiaume, où l'on ne craint point d'avoir des égaux, & où l'on

Plus amat illud regnum in quo non timent habere confortes. *S. Aug. 5. de Civit. c. 24.*

voit sans jalousie ses concurrens. Touchée de ces sentimens, elle aima cette humble Maison plus que ses Palais. Elle ne se servit plus de son pouvoir, que pour proteger la Foi Catholique, pour multiplier ses aumônes, & pour soulager plus abondamment les familles refugiées de ces trois Roiaumes, & tous ceux qui avoient été ruinez pour la cause de la Religion, ou pour le service du Roi. Rappellez en vôtre memoire, avec quelle circonspection elle mênageoit le prochain, & combien elle avoit d'aversion pour les discours empoisonnez de la médisance. Elle sçavoit de quel poids est non seulement la moindre parole, mais le silence même des Princes ; & combien la médisance se donne d'empire, quand elle a osé seulement paroître en leur auguste presence. Ceux qui la voioient attentive à peser toutes ses paroles, jugeoient bien qu'elle étoit sans cesse sous la veuë de Dieu, & que fidele imitatrice de l'Inſtitut de Sainte Marie, jamais elle ne perdoit la ſainte preſence de la Majeſté Divine. Auſſi rappelloit-elle ſouvent ce précieux ſouvenir par l'Oraiſon, & par la lecture du livre de l'Imitation de JESUS, où elle apprenoit à ſe conformer au veritable modele des Chrétiens. Elle veilloit ſans relâche ſur ſa conſcience. Aprés tant de maux, & tant de traverſes, elle ne connut plus d'autres ennemis que ſes pechez. Aucun ne lui ſembla leger : elle en faiſoit un rigoureux examen ; & ſoigneuſe de les expier par la pénitence & par les aumônes, elle étoit ſi bien préparée, que la mort n'a pû la ſurprendre, encore qu'elle ſoit venuë ſous l'apparence du ſommeil. Elle eſt morte, cette grande Reine ; & par ſa mort elle a laiſſé un regret éternel, non ſeulement à MONSIEUR & à MADAME, qui fideles à tous leurs devoirs, ont eû pour elle des respects si soumis, si sincéres, si perseverans , mais encore à tous ceux qui ont eû l'honneur de la servir , ou de la connoître. Ne plaignons plus ses disgraces, qui font maintenant sa félicité. Si elle avoit été plus fortunée, son histoire seroit plus pompeuse , mais ses œuures seroient moins pleines ; & avec des titres superbes, elle auroit peut-être paru vuide devant Dieu. Maintenant qu'elle a préferé la Croix au Trône, & qu'elle a mis ses malheurs au nombre des plus grandes graces , elle recevra les consolations qui font promises à ceux qui pleurent. Puisse donc ce Dieu de misericorde accepter ses afflictions en sacrifice agréable : puisse-t-il la placer au sein d'Abraham , & content de ses maux, épargner desormais à sa famille & au monde de si terribles leçons.

# F I N.